AF360338

PLAIDOYER

Pour ROLLANDE, Pharmacien à Saint-Pierre, (île Martinique.)

Condamné au Blâme, par Arrêt de la Cour Royale de cette Colonie.

* * *

MESSIEURS,

UN écrivain célèbre (1) a dit en parlant de l'ancienne jurisprudence criminelle: « Un jour viendra où nos lois seront « plus claires et plus uniformes, où les juges motiveront leurs « arrêts , où un seul homme n'interrogera plus secrètement « un autre homme, et ne se rendra plus maître de ses pa- « roles, de ses pensées, de sa vie; où les peines seront « proportionnées au délit.

« Celui qui les remplira sera béni des siècles présens et « de la postérité. »

Ce temps est arrivé pour la France , et elle jouit de ces bienfaits depuis 40 ans.

Vous avez à juger si les Français des colonies sont encore soumis à toutes les rigueurs et à tous les vices de cette ancienne procédure , qui avait stimulé le zèle des écrivains les plus distingués , des publicistes les plus accrédités , et des magistrats les plus honorables.

---

(1) Œuvres de Voltaire, *Politique et législation* , tom. 11 , pag. 404.

FAITS.

Pour faire apercevoir toute l'injustice de la condamnation du sieur Rollande, il faut en rappeler brièvement les circonstances.

Un sieur Mollier, décédé à Saint-Pierre, île Martinique; — Deux individus, Reynoard et Lafont, se trouvaient au domicile du moribond, au moment où il rendait les derniers soupirs; ils font appeler, dans la soirée, Rollande, qui était connu comme l'ami du défunt. Après avoir pourvu aux préparatifs des funérailles et aux soins qu'un si triste évènement entraîne, on se retire sur les dix heures du soir, et on remet les clefs de l'appartement à Rollande, qui consent à s'en charger, et ne les rend que dans la matinée du lendemain au curateur à la succession vacante.

En procédant à l'apposition des scellés, on est étonné du peu de numéraire trouvé dans les coffres d'un négociant qui passait pour en être abondamment pourvu, et le soupçon s'établit qu'il y a eu spoliation et vol commis chez Mollier.

Lafont voyant que ce bruit prenait de la consistance, va faire à Rollande l'aveu qu'il est dépositaire de plusieurs sacs d'argent; il le consulte sur les moyens d'en faire restitution. Rollande lui conseille d'aller déclarer le fait à la justice. Lafont hésite et veut consulter; enfin, après avoir pris l'avis d'un avocat, et s'être assuré qu'une confession à un ecclésiastique ne le mettrait pas à l'abri des poursuites judiciaires; il prend le parti de faire ses déclarations.

Le ministère public informe à l'extraordinaire; Reynoard, Lafont et plusieurs autres sont décrétés de prise de corps. — Rollande lui-même se trouve impliqué; mais on ne le prive pas de sa liberté; le procureur du roi ne requiert contre lui qu'une simple admonestation.

Le tribunal de Saint-Pierre, par une sentence du 29 octobre 1825, condamne certains accusés à la peine des galères, d'autres au bannissement, et à l'égard de Rollande,

« Considérant qu'une seule déposition , celle de Reynoard,
« l'inculpe d'avoir eu connaissance de l'enlèvement des es-
« pèces , et d'y avoir consenti sans en avoir profité ; mais
« que cette déposition unique, d'ailleurs fortement con-
« trariée , ne suffit pas pour opérer une conviction entière
« contre lui ; mais qu'il résulte de ses aveux qu'il a été au
« moins d'une imprudence et d'une incurie répréhensibles ,
« et coupable de négligence dans les devoirs qu'il s'était
« lui-même imposés , en se rendant chez Mollier , et en se
« chargeant des clefs, négligence qui aurait pu le faire soup-
« çonner d'avoir eu connaissance de l'intention des autres
« accusés , et de ne les avoir ni empêchés , ni dénoncés.

« Pour réparation de quoi , ordonne que Paul Rollande
« sera mandé, un jour d'audience , à la barre du tribunal, pour
« y être ADMONESTÉ. »

Si on avait adjugé au procureur du roi toutes ses conclusions à l'égard de Rollande , il n'en était pas de même à l'é-
gard des autres accusés. Ce magistrat déclara donc à la
suite du jugement se porter appelant à *minimâ* de la sentence , et Rollande se trouva compris dans cet appel.

Le Procureur général, M. Richard de Lucy , s'autorisant
de l'appel de son substitut, enchérit sur ses conclusions, et
requit contre Rollande l'application d'une peine plus forte.

7 novembre 1825 , arrêt rendu à huisclos , qui, conformément à ces conclusions, déclare Paul Rollande VÉHÉMEN-
TEMENT SOUÇÇONNÉ d'avoir eu connaissance de l'ouverture du
coffre et de la remise des sacs sans en avoir profité.

Le déclare dans tous les cas *coupable* de négligence dans
les devoirs qu'il s'était imposés à lui-même , en se rendant
chez Mollier , et recevant les clefs.

En outre, dûment *atteint et convaincu* d'avoir eu connaissance du crime des individus qui l'avaient commis, *au
moins* dans les jours qui ont *suivi*, et de n'en avoir point
averti la justice.

1.

« Pour réparation de quoi , ordonne que Paul Rollande
« sera mandé devant le tribunal de Saint-Pierre , un jour
« d'audience, afin d'y être BLAMÉ ; lui fait défense de réci-
« diver sur telles peines que de droit. »

Rollande s'est pourvu en cassation de cet arrêt ; mais
malgré ses protestations, il a été forcé de comparaître au
tribunal de Saint-Pierre, le 22 novembre, pour y être
blâmé. Le ministère public a fait des réserves pour les con-
séquences légales de cette peine ; postérieurement, et par
décision du Gouverneur général de la Colonie, en date du
10 mai 1824, au moment de la délivrance de son passeport, il lui a été déclaré, qu'il était déchu de l'exercice de
sa profession de pharmacien.

Arrivé en France, pour faire juger son pourvoi, le sieur
Rollande a consigné l'amende, et produit une consultation
de deux anciens avocats, conformément au réglement du
conseil, malgré que les lois nouvelles affranchissent de ces
formalités en matière criminelle.

Il a même, pour obéir à la délibération précédente de
la cour, qui s'est crue autorisée à exiger qu'il se mit en état (1),
consenti à la privation momentanée de sa liberté. Il croit
donc qu'aucune fin de non recevoir à cet égard, ne peut
s'élever contre son pourvoi.

PREMIÈRE PARTIE.

Son pourvoi est-il recevable ?

C'est une erreur soutenue à la tribune de la chambre des

---

(1) Voyez l'art. 6 du titre IV du réglement de 1738. — Le défenseur avait
soutenu que la mise en état n'était exigée par ce réglement, que dans le
cas, où conformément à l'article 42, du Code d'instruction criminelle, le
demandeur en cassation a été condamné à une peine emportant privation
de la liberté. Rollande s'était constitué pendant l'audience, sur autorisation
du Procureur-général à la Cour de cassation.

(5)

députés, par M. le marquis de Clermont-Tonnerre, alors ministre de la marine, parlant en 1824 sur l'affaire des déportés de la Martinique, que les pourvois contre les arrêts des cours souveraines des Colonies, en matière criminelle, ne sont pas recevables; et M. le général Donzelot, en délivrant le passeport au sieur Rollande, le 10 mai, a consigné par écrit sur ce passeport, que le pourvoi ne pouvait pas être reçu, et s'est permis de limiter ainsi les pouvoirs de la cour suprême.

Comment cette erreur s'est-elle accréditée? Le voici : Sous l'ancien régime, les corps de magistrature avaient acquis une autorité et une puissance telles que le conseil du roi, chargé alors des attributions actuelles de la cour de cassation, n'osait que bien rarement user de ses pouvoirs.

Aussi les cassations étaient-elles fort rares. En matière criminelle, on préférait la voie de la révision, qui avait lieu par une sorte de grâce du prince ; elle était quelquefois sollicitée par les magistrats eux-mêmes, lorsqu'après leur sentence, ils avaient connaissance de quelques révélations et de quelques pièces destructives de celles sur lesquelles ils avaient été obligés de statuer.

Cela est arrivé dans des procès célèbres, des Calas, des Sirven, etc.

C'était un remède aux vices inhérens au mode d'instruction criminelle, alors pratiqué en exécution de l'ordonnance de 1670 ; et on le préférait à la cassation, qui inculpait toujours les juges d'ignorance de la loi, ou de mépris pour ses dispositions.

Toutefois, le réglement de 1758 (1), relatif à la procédure de l'ancien conseil, est précis sur ce point. Il admet formellement le recours en cassation, contre les arrêts rendus par les cours souveraines, en matière criminelle, de la

____

(1) Art. 6 du titre IV de ce réglement. — Art. 1, 2, 3, 5, tit. XVI, de l'ord.. de 1670.

même manière qu'en matière civile , et c'est pour cela que Rollande , contre l'usage et les lois nouvelles, s'est vu obligé, pour être admis à purger son honneur , de consigner l'amende.

Cela résulte d'un document existant au ministère de la marine , et il est bien étonnant que le ministre de ce département ait nié ce point de droit à la tribune nationale , et n'en ait parlé que comme d'une faveur.

Les tribunaux des colonies , par suite de leur éloignement , ont prétendu n'être point assujettis à la censure de la cour de cassation.

Mais comment le roi aurait-il réuoncé à leur égard à cette prérogative de sa souveraineté? Comment pourrait-il faire respecter ses lois dans les colonies, si les corps de magistrature, qui, comme celui de la Martinique , affecte d'autant plus d'indépendance qu'il ne reçoit et ne veut recevoir aucun traitement, peuvent impunément s'en écarter , et disposer arbitrairement de la vie et de l'honneur des citoyens.

Le recours en cassation est bien plus important que l'appel. Après tout , avec l'institution du jury , on peut se passer des deux degrés de jurisdiction.

L'appel a été introduit sous saint Louis pour affaiblir les justices seigneuriales.

Le recours au roi , pour violation des lois du royaume , est aussi ancien que la monarchie , il n'a jamais cessé d'avoir lieu. (1)

A l'égard des arrêts des colonies, il existe de nombreux exemples , de l'exercice de ce haut pouvoir, par l'ancien conseil. Nous en donnerons plus tard les preuves. Quant à la cour de cassation elle-même , elle a statué les 29 oc-

---

(1) Voyez le savant ouvrage du président Henrion de Pansey, intitulé, *de l'Autorité judiciaire.*

tobre 1814 et 10 décembre 1818, dans l'affaire Bascher de Boisgely, sur un arrêt rendu en matière criminelle par la cour de la Guadeloupe, et le 15 juillet 1824, sur un pourvoi venu des établissemens de l'Inde. Ce dernier pourvoi n'a été rejeté que parce qu'il ne s'agissait pas de l'application d'une peine afflictive et infamante.

Mais il est reconnu par M. le rapporteur, que la peine du blâme était infamante, puisqu'elle emportait une sorte de mort civile. Le pourvoi est donc évidemment recevable (1).

IIᵐᵉ PARTIE.

Moyens de Forme.

Passons aux moyens de cassation. Plusieurs portent sur les formes qui ont été violées; mais ces formes sont les garanties les plus importantes des accusés; celles, sans l'observation desquelles leur innocence est exposée à ces naufrages si fréquemment renouvelés, et dénoncés avec tant de courage vers la fin du dernier siècle.

PREMIER MOYEN.

L'Appel à minimâ était-il recevable?

Et d'abord nous soutenons que l'appel *à minimâ* n'était pas recevable, que Rollande, acquitté de toute complicité en première instance, ne pouvait être repris et soumis à un nouveau débat judiciaire, et que la sentence du 29 octobre avait acquis l'autorité de la chose jugée.

Qu'est-ce qu'un appel *à minimâ?* C'est un acte par

---

(1) Ce point important de droit public se trouve aujourd'hui établi, conformément au plaidoyer, par l'arrêt ci-après, qui statue sur le fond, et qui, par conséquent, rejette *formâ negandi*, la fin de non recevoir qu'on opposait d'abord.

lequel le ministère public, organe de la société, déclare n'être pas satisfait du jugement porté par des magistrats légalement institués pour prononcer sur les charges d'un procès criminel.

Que dirait-on aujourd'hui, si ce qu'on appelle la partie publique, appellait de la décision d'un jury, et voulait ravir à un malheureux accusé, le bénéfice d'un acquittement? l'esprit se reporterait involontairement à ce fameux sénatus-consulte qui, par un exemple heureusement resté unique parmi nous, et sur la proposition même du chef du dernier gouvernement, annulla la déclaration du jury d'Anvers.

Du moins, à cette époque, fut-on conséquent dans le système audacieux qu'on avait adopté; on ne se contenta pas d'annuler la décision des jurés, on les mit eux-mêmes en jugement comme suspects de prévarication.

Mais, dès les premiers jours de la restauration, et avant même la promulgation de la Charte, S. M. Louis XVIII s'empressa de mettre au néant cette œuvre arrachée à la faiblesse d'un sénat corrompu lui-même, et évidemment prévaricateur, puisqu'il détruisait, autant qu'il était en lui, la constitution qu'il était chargé de défendre.

Eh bien! les magistrats qui, dans nos colonies, selon l'ancienne organisation judiciaire de la France, prononcent sur les charges résultant d'un procès extraordinaire, ne statuent-ils pas comme *jurés?*

Où est la convenance et l'utilité d'un tel appel? La société, seule intéressée dans la question, ne doit-elle pas être satisfaite, de ce que celui qu'elle accusait, a été trouvé innocent par les magistrats institués pour veiller aux intérêts sociaux? N'y a-t-il pas de l'inhumanité, de la barbarie, à le retenir dans les fers, et à lui faire subir une seconde épreuve?

Quelle garantie de vérité présente donc de plus une décision rendue par des magistrats supérieurs dans une accu-

(9)

sation de ce genre? Il ne s'agit pas ici de leurs lumières ;
pour prononcer sur un fait, il ne faut que voir et juger ;
c'est ce qu'on a reconnu en instituant le jury.

Leur nombre : mais la bonté des jugemens ne repose
pas sur le nombre des jugemens, souvent même l'incerti-
tude ne fait qu'augmenter. Car, sur sept juges, il peut se
trouver quatre voix seulement pour la condamnation, et
trois pour l'acquittement, tandis que les premiers juges auront été unanimes.

Et puis, quelle est donc l'utilité morale des jugemens
criminels, si ce n'est la certitude acquise par le peuple, de
la culpabilité des accusés ? Dans un pays voisin, on en sent
tellement la nécessité, qu'on exige l'unanimité des voix.

Si, comme il est arrivé dans l'espèce, les premiers juges
acquittent, et ceux d'appel condamnent, de quel côté sera
la vérité ? L'accusé pourra dire, sur-tout s'il n'est survenu
aucune charge nouvelle, comme cela sera démontré à l'é-
gard de Rollande, qu'acquitté par les juges du lieu de son
domicile, qui connaissaient le mieux, sa moralité et les
circonstances du fait, il a été condamné sur appel par l'inat-
tention, l'ignorance des faits et des personnes, les pré-
ventions ou même quelque chose de pis.

Que penserait le peuple, assistant à l'exécution d'un malheureux, condamné à une peine capitale, après avoir été
acquitté par les premiers juges ? La pitié l'emportera toujours sur l'horreur qu'inspire le crime, lors que l'infortuné
protestera de son innocence.

J'ose dire qu'une condamnation semblable serait révol-
tante et ne pourrait être mise à exécution.

Aussi les écrivains du dernier siècle (1), ont-ils qualifié
cette jurisprudence d'*antropophage*; il semble en effet que
l'on soit altéré du sang humain, lorsqu'on ravit à un malheureux accusé le bénéfice d'un acquittement solennel.

____

(1) Œuvres de Voltaire, *Politique et législation*, tom. 11, pag. 401.

« Cette politique, disent-ils, était inconnue aux Ro-
« mains. Il était permis d'appeler à César, pour mitiger la
« peine, mais non pour l'aggraver. Une telle horreur ne
« fut inventée que dans nos temps de barbarie. »

En effet, elle ne prit naissance parmi nous qu'assez long-
temps après l'institution du ministère public. Oubliant qu'ils
ne représentaient que la société, et que leur amour-propre
ou leur conviction même devait se taire, après que les magistrats, saisis de la connaissance du crime, avaient prononcé, ils introduisirent cet appel dans les causes peu
graves, ou par conséquent l'odieux de cet appel n'était pas
senti comme dans les causes du fisc, ou du petit criminel,
beaucoup moins étendu alors, que n'est aujourd'hui parmi
nous la matière correctionnelle. En faisant cet appel, ils
imitaient la partie civile, et, parce que celle-ci était toujours admise dans son intérêt privé, à épuiser les deux degrés de juridiction, ils s'imaginèrent qu'il en devait être de
même de l'action publique qui se poursuivait en leur nom.

Ce n'était point là l'esprit de l'institution primitive de
l'appel, introduit dans notre jurisprudence par St.-Louis.
Cet appel était limité au cas de déni de justice, ou de défaut de droit.

C'est ainsi que l'*appel à minimâ* s'est maintenu ; mais,
de nos jours, lorsqu'on en a fait usage, dans les causes
graves et dans celles tenant à la politique, où l'impartialité
du ministère public est plus facilement suspectée, on a
examiné la légalité et la convenance de cette pratique ; on a
senti qu'elle n'était pas fondée ; que l'appel avait été introduit
en faveur du prévenu, et non contre lui.

Toutefois, comme les juges seigneuriaux prononçaient
dans les matières de grand criminel, et que leurs préven-
tions égalaient leur ignorance, ces appels au parlement fu-
rent vus presque toujours avec faveur. Ils devaient servir à
l'accusé et jamais lui nuire ; mais c'était dénaturer l'utile

institution du ministère publique, de lui conférer ou de lui laisser usurper le pouvoir exorbitant, de ravir à un accusé le bénéfice d'un acquittement, et de donner ainsi l'exemple de la violation de l'autorité de la chose jugée.

Si ce droit ne peut pas être contesté aujourd'hui au ministère public, dans les affaires de simple police, et correctionnelles, il l'est indubitablement dans les affaires de grand criminel. Là, quiconque a subi l'épreuve du jury, et en est sorti victorieux, ne peut plus être soumis à aucun débat nouveau. Il est rendu à la société dans l'intégrité de ses droits civils et politiques. Quelque grave qu'ait été l'accusation, quelque spécieuse qu'elle ait paru d'abord, il n'en subsiste plus rien, ni blâme, ni réprimande, ni censure ; elle est entièrement purgée aux yeux de la loi et de la justice.

Le recours, en cas d'acquittement, est interdit même à la partie civile. Il n'est admis, dans le cas de l'art. 409 du code d'instruction criminelle, que, dans l'intérêt de la loi, et dans le cas de l'art. 410, que, lorsque le fait de la culpabilité étant établi, le juge a faussement appliqué la loi pénale.

Cette distinction n'était pas inconnue à nos pères ; on avait été plus loin ; même, dans cette jurisprudence qualifiée barbare, il était passé en principe incontestable, que l'appel *à minimâ* n'était pas recevable, lorsqu'on avait adjugé en première instance, au procureur du roi, toutes ses conclusions, parce qu'il y avait d'avance acquiescement.

Et c'est ce qui est arrivé dans l'espèce.

On objecterait vainement que cela n'était fondé que sur un usage. L'appel *à minimâ* n'était lui-même établi que sur un abus, sur une analogie fausse, dangereuse et inhumaine, avec les matières civiles ; lorsque la jurisprudence avait elle-même limité son usurpation, on ne peut pas l'étendre aujourd'hui.

Vainement dirait-on encore qu'aujourd'hui le procureur-général peut interjeter l'appel *à minimâ* au lieu et place de son substitut. Je repousse tout argument tiré de la pratique de la procédure correctionnelle, dans son application aux matières du grand criminel. Il ne peut y avoir ni similitude ni analogie.

D'ailleurs, aujourd'hui, la faculté d'appeller accordée, soit au procureur du roi, soit au procureur-général, est soumise à des formes et à des délais spéciaux.

Il faut donc qu'on nous oppose un texte de loi, pour nous ravir le bénéfice d'un jugement qui, sans cela, doit avoir à notre égard toute l'autorité de la chose jugée.

IIme MOYEN.

L'Arrêt est nul, faute de signature.

Parmi les moyens de forme que l'accusé a fait valoir, il en est un qu'il suffit d'énoncer.

L'ordonnance de 1670 exige (art. 14, tit. XXV) que tous les jugemens et arrêts soient signés par tous les juges qui auront assisté, ou au moins du président et du rapporteur.

La loi l'a ainsi voulu, parce que dans des matières aussi graves, elle a *chargé* plus spécialement la *conscience* des juges de la responsabilité de la condamnation, et parce qu'elle a voulu qu'avant la signature, toutes les raisons favorables à l'accusé, aient été présentées et débattues par tous et par chacun des magistrats.

Combien en est-il qu'une pareille signature a arrêté au moment où ils allaient prononcer une peine capitale, et qui ont demandé de nouveaux renseignemens et un plus ample informé ?

On sait aussi de quelle importance, dans les procès par écrit, est la signature du rapporteur ; c'est lui qui répond moralement devant ses collègues de l'exactitude des faits et de la fidélité de l'extrait des pièces (1).

Dans l'espèce, les magistrats qui ont pris part au jugement de Rollande, n'ont pas signé, ce qui prouve que l'arrêt a été prononcé avec beaucoup de légèreté ; et quant à la signature du rapporteur, si elle est mentionnée dans l'une des copies de l'arrêt, elle est omise dans l'autre.

Comme ces deux pièces sont authentiques, laquelle croire? Dans le doute peut-on décider contre l'accusé?

III° et IV° MOYENS.

Défaut de publicité et d'assistance de défenseur.

Le défaut de publicité de l'audience est un moyen plus grave, parce que, selon l'expression d'un vieux criminaliste, la publicité est une garantie pour les bons, une note d'infamie pour les mauvais. Ce n'est pas dans le temps où nous vivons, qu'on a besoin de vanter les avantages de cette publicité qui formait un des principes de notre plus ancien droit public, puisqu'on lit dans toutes les anciennes ordonnances et dans les vieux arrêts connus sous le nom des *olim actum publicè ; ce fut fait devant tous.*

Cette publicité de jugement était bien plus nécessaire encore dans un temps où toute l'ancienne procédure était secrète, où l'on était privé du bienfait du jury, où les accusés livrés à la discrétion d'un magistrat instructeur, accoutumé à ne voir que des criminels, contractait des habitudes peu bienveillantes ; qui, au rapport d'un magistrat célèbre, ne les accueillait que le front chargé du soupçon de leur crime (2).

La clandestinité de l'ancienne procédure criminelle, et du jugement sur-tout, avait paru si effrayante, qu'autrefois

---

(1) La Cour, par son arrêt, a omis de statuer sur ce moyen de cassation.
(2) L'Avocat général Servan.

le *premier conseil qu'on offrait à un accusé était de se sous-traire à la justice* (1).

Rien ne s'opposait dans l'ancien droit à la publicité des audiences en matière criminelle; seulement les parlemens avaient trouvé commode de s'en affranchir, quoiqu'elle eût lieu en matière civile.

De même, jamais l'assistance d'un défenseur au jugement ne fut défendu par la loi. Le chancelier Poyet fut le premier qui, sous François Ier, dérogeant, à cet égard, au droit public de la monarchie, fit interdire par une ordonnance cette assistance, non pas toutefois au jugement, mais pendant l'instruction; et cette restriction du droit sacré de la défense a été qualifié d'*impiété* par Dumoulin, le plus profond jurisconsulte de ce siècle. Poyet lui-même fut victime de sa loi, et lorsqu'il se plaignit d'être privé de conseil, on lui répondit, aussi durement qu'il l'avait fait lui-même pendant son administration, et avec plus de justice : *patere legem quam ipse fecisti.*

On sait quelles nobles réclamations, lors de la rédaction de l'ordonnance de 1670, fit entendre à ce sujet le président de Lamoignon; l'inflexible *Pussort*, cet autre *Poyet*, l'emporta; mais toutefois l'ancienne loi ne fut pas aggravée; l'ordonnance ne contient pas de prohibition générale ni absolue contre l'assistance d'un conseil; elle veut au contraire que les accusés en aient dans certaines matières, tels que les faillites, l'accusation de péculat, etc.

Dans d'autres cas, il est laissé à *l'arbitraire* du juge de l'autoriser ou de la défendre; mais ce pouvoir discrétionnaire est limité au cours de l'instruction; il ne s'applique pas au jugement.

Pourquoi donc l'usage s'était-il introduit de ne point admettre de défenseur dans les matières criminelles ?

Parce que l'ancienne loi, moins humaine, que celle

___

(1) Le même.

(15)

d'aujourd'hui , n'ordonnait pas cette assistance, et que les avocats les plus occupés de ce temps ne recherchaient pas autant qu'aujourd'hui cette généreuse défense.

Aussi l'avocat général Servan, dont la belle âme ne pouvait tolérer cet abandon de la partie la plus noble et la plus utile de notre profession, excitait-il les avocats à prendre cette défense ; il leur montrait l'honneur qui en rejaillirait sur eux, au lieu de cette espèce de tache que le préjugé du temps attachait, préjugé dont il existe encore peut-être quelques traces au barreau.

« Avocats , disait ce magistrat éloquent, prenez la dé-
« fense d'un innocent accusé , et bientôt vous aurez le genre
« humain pour client. Parlez , votre langage est celui des
« lois et de l'humanité ; rendez grâce au ciel s'il vous ché-
« rit assez pour vous offrir un innocent à défendre. »

Cette exhortation faite à l'audience *publique* du parlement de Grenoble , prouve bien clairement que les accusés étaient admis à se choisir des défenseurs en matière criminelle.

C'est donc par une jurisprudence abusive, que dans certains cas et dans certains ressorts, on n'admettait pas la défense orale lors du jugement , et qu'on ne permettait que la remise de mémoires sur pièces non communiquées.

Aussi la première loi faite à l'aurore de notre révolution (celle du mois d'octobre 1789), est elle intitulée Loi *sur la réforme de quelques points de la* Jurisprudence*, et non de la* législation *criminelle.*

L'art. 22 de cette loi célèbre, accordée par Louis XVI aux vœux de ses sujets (1), veut que tous les arrêts en matière criminelle, soient rendus en audience *publique*, et que les accusés soient assistés de leurs défenseurs, avec faculté à ceux-ci de fournir tous les moyens de reproche contre les

______

(1) Ce sont les termes de la sanction royale.

témoins, et de répondre aux charges écrites et verbales de l'accusation.

Dans l'espèce, Rollande a été privé de ces deux précieuses garanties, et malgré son innocence évidente, faute d'avoir pu combattre les reproches qui lui étaient adressés, et de les avoir connus d'avance, il a été mulcté d'une peine infamante.

Maintenant dira-t-on que ce ne sont pas des moyens de cassation, parce qu'il n'est pas prouvé que les lettres patentes du mois d'octobre 1789, aient été publiées à la Martinique.

Mais ce n'est pas à moi à fournir cette preuve. J'ai en main le texte officiel de la loi; je dois croire qu'elle a été adressée aux autorités de la Martinique et publiée par leurs soins; j'en ai même la certitude morale, puisqu'il existe au parquet de M. le procureur général, dans les documens manuscrits relatifs à la Guadeloupe, colonie limitrophe, la preuve que la loi dont il s'agit y a été reçue avec acclamations, les 14, 24 et 25 août 1790.

M. le conseiller rapporteur ne révoque pas plus que moi en doute la publication de cette loi, dont il n'appartient qu'au ministère public de requérir la preuve auprès du département de la marine, auquel pour cela nous nous sommes vainement adressés à plusieurs reprises, et dont la cour d'ailleurs peut demander à être certifiée authentiquement.

Mais M. le rapporteur demande si on ne peut pas opposer à l'invocation de cette loi l'arrêté consulaire du 29 prairial an X (1).

---

(1) Il porte : art. premier.—Dans les Colonies rendues à la France, par le traité d'Amiens du 6 germinal dernier, les tribunaux existant à l'époque de 1789, continueront de rendre la justice, tant au civil qu'au criminel, suivant les formes de procéder, les lois, réglemens et tarifs alors observés, et sans qu'il soit innové à l'organisation, au ressort et à la compétence de ces tribunaux.

C'est donc à cette objection que je dois répondre toute imprévue qu'elle était pour moi.

D'abord, cet arrêté ne peut pas avoir à vos yeux le caractère d'une loi, puisqu'il na pas été publié au Bulletin des lois ; puisque vous n'en avez pas une connaissance officielle.

Ensuite cet arrêté ne dit pas que la loi de 1789, et l'organisation judiciaire de ce temps soient changées ; il les confirme au contraire.

Le gouvernement consulaire n'a statué ni voulu statuer que sur les lois politiques, qui avaient, depuis 1789, changé la constitution coloniale, qui avaient créé des assemblées politiques, conféré les droits de cité, de vote et d'éligibilité aux hommes de couleur, et affranchi les esclaves, apparemment parce que ces innovations faites prématurément ou sans les précautions et graduations désirables, avaient causé des troubles et des désastres.

Mais pouvait-il venir, dans l'esprit de personne et dans celui de ce gouvernement populaire, qui, en 1802, rédigeait nos codes, et donnait son suffrage à tout ce que la révolution avait produit de bons principes, d'abolir une loi reçue dans les colonies avec autant de joie qu'en France, une loi qui, bien loin de détruire le système judiciaire, ne tendait au contraire qu'à le consolider, en retranchant quelques abus qui s'étaient introduits dans le cours des deux derniers siècles !

Qu'on lise son préambule, et il est assez remarquable pour être rapporté ici dans ses termes propres ; il nous servira d'ailleurs à caractériser la condamnation de Rollande.

« L'Assemblée nationale, considérant qu'un des principaux droits de l'homme qu'elle a reconnus, est celui de jouir, lorsqu'il est soumis à l'épreuve d'une poursuite criminelle, de toute l'étendue de liberté et de sûreté pour sa défense, qui peut se concilier avec l'intérêt de la société, qui commande la punition de délits ; que l'esprit et les formes de la procédure *pratiquée* jusqu'à présent,

« en matière criminelle , s'éloignent tellement de ce pre-
« mier principe de l'équité naturelle et de l'association po-
« litique , qu'ils nécessitent une réforme entière de l'ordre
« judiciaire , pour la recherche et le jugement des crimes ;
« que si l'exécution de cette réforme entière exige la len-
« teur et la maturité des plus profondes méditations , il est
« cependant possible de faire jouir , dès à présent , la Na-
« tion de l'avantage de plusieurs dispositions , qui , sans
« subvertir l'ordre de procédure actuellement suivi , ras-
« sureront l'innocence , et faciliteront la justification des
« accusés , en même temps qu'elles honoreront davantage
« le ministère des juges dans l'opinion publique. »

Voici la sanction donnée par Louis XVI , aux articles de
ce décret :

« Nous avons cru qu'il était de notre sagesse , en répon-
« dant aux vœux de nos sujets , d'accorder notre sanction
« au présent décret , et d'en ordonner l'exécution dans
« notre royaume. »

En sanctionnant cette loi , l'infortuné monarque était bien
loin de penser qu'il serait l'un des premiers à en réclamer
les garanties ; et que sa royale personne aurait besoin de
défenseurs.

Louis XVI n'a pas reculé devant les améliorations ; et ,
sur plusieurs , il eut l'honneur de l'initiative.

C'est en vertu de ce mandat royal que le ministre de la
marine a dû adresser cette loi à toutes les colonies fran-
çaises : c'est pour nous une présomption légale ; et quant à
la possibilité d'une résistance , on ne saurait l'admettre ,
puisque l'art. 28 de cette loi maintient expressément l'ordonnance de 1670 et autres lois relatives aux matières criminelles ; puisque , d'après la loi du 9 avril 1790 , les lois
de la métropole doivent être reçues et exécutées , sans qu'il
soit besoin de l'enregistrement et de la publication d'icelles
par aucuns tribunaux.

Mais quand il serait possible , ce qui n'est pas , et ce que le ministère public doit savoir mieux que nous, que la loi du mois d'octobre 1789 n'eût pas été publiée à la Martinique, le moyen de cassation, du moins en ce qui concerne tout ce qui est relatif au droit de la défense, serait encore infaillible, parce que la défense est de droit naturel; parce que l'ordonnance de 1789 n'est que déclarative de ce droit et non innovative ; parce que le droit naturel, (ainsi l'a jugé votre arrêt du 7 décembre 1822, dans l'affaire des quatre journaux, relativement au droit de faire défaut), est obligatoire pour les tribunaux, toutes les fois qu'il n'est pas limité par une loi positive ; parce qu'en effet cette loi éternelle, qui n'est autre chose que la justice elle-même, n'a pas besoin de promulgation spéciale, puisqu'elle a été d'avance gravée, par l'Être-Suprême, dans la conscience de tous les hommes de bien.

Et pour qu'on ne m'accuse pas de donner ici une définition arbitraire des droits de la défense, et de les étendre pour le besoin de ma cause, j'emprunterai les paroles même dont se servait le rapporteur de la loi du mois d'octobre 1789, organe, comme on le sait, dans cette circonstance, de l'unanimité des opinions de l'assemblée la plus éclairée qui ait peut-être existé dans le monde.

« Dès l'instant où la loi a saisi la personne de l'accusé,
« elle est dispensée de garder avec lui un mystère affligeant:
« tout ce qui a été fait doit lui être *communiqué*; tout ce
« qui sera fait le sera *publiquement*; son interrogatoire,
« cette partie si essentielle pour sa défense, si formidable
« pour sa conviction, n'a rien qui doive être soustrait aux
« regards du public : cette épreuve importante n'aura aucun
« des caractères de la surprise et aura tous ceux de la vé-
« rité ; elle sera précédée de la connaissance de toutes les
« charges et de la lecture de toutes les pièces ; elles seront
« connues de l'accusé qui répond, comme elles le sont du
« magistrat qui interroge, et celui-ci n'aura plus la dou-
« leur de voir un homme innocent, mais effrayé, hésiter,

« balbutier des réponses incertaines...... Ce malheur, si
« déploré par les magistrats qui en ont fait une longue ex-
« périence, sera prévenu encore par les lumières du conseil
« dont l'accusé pourra implorer le secours : cette disposi-
« tion, *déjà connue* dans l'ordonnance pour certains titres
« d'accusation plus compliqués, n'a besoin que d'être éten-
« due à tous les cas et admise avant l'interrogatoire. »

Toutes ces garanties ont été refusées à Rollande ; on lui
a fait mystère de tout. Le procureur général s'est rendu,
de sa personne, chez le procureur du roi (M. de Champ-
vallier), et s'est livré à une instruction véritable et secrète,
en faisant interroger les sieurs *Garcia*, *Reynoard* et *Lafont*, sans faire dresser aucun procès-verbal.

Rollande a ignoré les charges qui pouvaient en résulter.
Plein de confiance dans le jugement du 29 octobre, il ne
s'attendait pas sur appel à ce que des charges secrètes fussent illégalement produites.

Rien n'a été fait publiquement ; surpris à l'improviste,
Rollande a subi son interrogatoire à huis clos.

La partie était-elle égale entre un homme qui s'exprime
difficilement, et qui se trouvait dans la situation humiliante
d'une suspicion de vol, et un procureur général exercé,
dont les forces étaient accrues par les enquêtes, hors de son
ministère, auxquelles il s'était livré ?

Si Rollande eût été assisté d'un défenseur, la partie eût
été égale ; mais il en a été privé à l'instant fatal, au moment
du jugement : il s'est trouvé seul pour combattre les pré-
ventions.

Pouvait-il ne pas succomber ?

IIIᵉ PARTIE.

Discussion des preuves de culpabilité.

Toutefois on va voir, et c'est ici la troisième partie de
notre discussion, sur quelles preuves il a été condamné à
une peine infamante.

J'ai le droit et le devoir d'examiner ces preuves, puisque si dans les matières civiles, la Cour suprême doit tenir pour constans et avérés, les faits déclarés dans les arrêts des cours royales, elle est au contraire, en matière criminelle, expressément chargée de rechercher, si les preuves ont été légalement administrées, et si par suite, la condamnation a été légitime.

Dans l'ancien droit, cela était bien plus nécessaire encore, parce que n'y ayant pas de déclaration de jury, sur laquelle les cours souveraines pussent établir une condamnation (et c'est précisément le cas dans lequel se trouvent les cours de justice des colonies), il fallait bien que l'arrêt fût le résumé des charges et des preuves acquises, pour qu'ensuite on pût faire l'application de la loi pénale.

Aussi l'ancien conseil du roi, représenté aujourd'hui par la Cour de cassation en cette partie, avait-il dans ses attributions, outre la cassation proprement dite, la révision des procès criminels ?

D'où il suivait que dans ces matières, le haut tribunal vérifiait la nature des preuves et des charges, à peu près comme aujourd'hui la Cour de cassation le fait dans les matières spéciales d'enregistrement, de douanes et de contributions; ou loin de s'en rapporter aux énonciations des arrêts sur ce point, elle vérifie religieusement tous les jours, la conformité de ces énonciations avec les preuves acquises.

Comment l'ancien conseil aurait-il annulé, le 12 décembre 1796, une sentence de bannissement prononcée contre un juge, par des magistrats, dont plusieurs étaient ses débiteurs; le 26 juin 1775, un arrêt du conseil supérieur du Cap-Français, dans un procès de libelle, qui a réintégré l'accusé dans son état et bonne renommée; et le 9 juin 1780, un autre arrêt d'un autre conseil supérieur, par le motif que l'avocat décrété de prise de corps, pour avoir signé une requête au roi, n'avait fait que des observations

relatives au bien général de la colonie, et à l'intérêt parti-
culier de ses clients, et n'était pas sorti des bornes du res-
pect, comment, dis-je, ce conseil aurait-il statué, s'il n'a-
vait pris connaissance des faits et examiné les preuves ?

C'est pour remplir ce devoir, qu'une ordonnance du roi,
du 5 mai 1681, insérée au code de la Martinique, prescri-
vait aux conseils supérieurs des colonies de joindre à l'en-
voi des pièces les motifs de leurs arrêts.

Si la Cour de cassation ne remplissait pas cet important
mandat, c'est bien vainement que l'art. 22 des lettres-pa-
tentes du mois d'octobre 1789 aurait défendu aux juges de
ressort d'employer jamais la formule, *pour les cas résultant
du procès.*

Vainement l'art. 15, titre V de la loi du 24 août 1790,
sur l'organisation judiciaire, aurait obligé les magistrats à
consigner, dans la rédaction des jugemens, les motifs qui
les auront déterminés.

Plus vainement encore, par son ordonnance spéciale du
22 novembre 1819, enregistrée le 15 février 1820 à la Martinique, l'auteur même de la Charte aurait dit, art. 14 :

« Voulons qu'en conformité du droit public des Fran-
« çais, à dater du jour de l'enregistrement de la présente
« ordonnance dans nos colonies, tous les jugemens et
« arrêts soient motivés ; et qu'à partir du même jour, la
« peine de la confiscation des biens des condamnés soit
« abolie, dans ceux de ces établissemens où elle subsisterait
« encore. »

Dira-t-on que cette disposition n'est pas applicable en
matière criminelle ? Mais on ne prononçait pas la confiscation en matière civile ; on a donc en vue principalement
les arrêts criminels.

Et cela était d'autant plus nécessaire, que dans les colonies on ne connaît pas encore le bienfait de l'institution du
jury ; d'où il suit que les juges doivent poser séparément le

point de fait et le point de droit, et motiver leur arrêt en fait et en droit.

A cet égard, la Cour royale de la Martinique était soumise aux mêmes lois que le tribunal de Saint Pierre : or, dans le jugement de ce tribunal, on trouve des motifs très clairement indiqués, et ils suffisent pour établir l'innocence de Rollande, pour prouver qu'on ne peut lui imputer aucune complicité de vol.

« Considérant, à l'égard de l'accusé Rollande, qu'une
« seule déposition, celle de Reynoard, l'inculpe d'avoir eu
« connaissance de l'enlèvement des espèces à dix heures du
« soir, et d'y avoir consenti sans en avoir profité : mais que
« cette déposition unique, fortement contrariée d'ailleurs,
« ne suffit pas pour opérer conviction contre lui ; mais qu'il
« résulte de ses aveux qu'il a été d'une imprudence et
« d'une incurie répréhensibles. »

Voilà bien des motifs ; pourquoi n'y en a-t-il pas dans l'arrêt de la cour d'appel ?

Sont-ce des motifs que la condamnation elle-même,
« déclare Paul Rollande véhémentement soupçonné d'a-
» voir eu connaissance du vol au moment où il se commet-
« tait, etc. ; en outre, atteint et convaincu. »

Mais d'où résulte donc cette conviction ?

Les anciens criminalistes ne reconnaissent que deux genres de preuves ; les procès-verbaux constatant le flagrant délit, ou le corps du délit, et les dépositions de témoins.

« Il n'y a que le titre et les témoins, dit Serpillon, qui
« puissent former des preuves parfaites ; les convictions
« morales ne sont pas suffisantes en matière criminelle, où
« il ne s'agit que du fait. »

On sait que les aveux n'étaient admis qu'en force des témoignages, par suite des confrontations, et se confondaient avec eux.

Dans l'espèce, point de flagrant délit, point de procès-

verbaux ; aucun témoin n'avait été produit contre Rollande ; car je n'appelle pas témoignage la déclaration d'un
misérable tel que Reynoard , qui était accusé comme l'auteur principal du vol, et qui a été condamné pour ce fait :
sa déclaration n'est pas une déposition , ce n'est qu'une
récrimination pour se venger de Rollande, qui avait forcé
Lafont à dénoncer le fait à la justice. Quelle valeur peut
avoir devant la justice et la société, la déclaration d'un
homme , qui s'est respecté assez peu lui-même, pour s'exposer à la peine justement réservée au voleur?

Quand on y ajouterait toutes les dépositions de ses com-
plices, leurs déclarations , qu'on ne peut recevoir sous ser-
ment, tant la loi les réprouve, ne fourniraient pas même
une demi-preuve.

Dans l'ancien droit, le témoignage d'un homme seul,
quoiqu'irréprochable ne suffisait pas pour assurer une conviction ; car, comme l'a dit un magistrat, homme de génie,
l'illustre Montesquieu , Esprit des lois, liv. xii, ch. 3, un
témoin qui affirme, et un accusé qui nie, font partage.
*C'est pourquoi , dit-il , les lois qui font périr un homme sur
la déposition d'un seul témoin , sont fatales à la liberté.*

« Un seul témoin , dit Serpillon , (qui n'est ici que l'écho
« des précédens commentateurs), un seul témoin, de quel-
« que qualité qu'il puisse être , ne fait pas une *demi-preuve,*
« quoiqu'il ait été présent à l'action , et qu'il en soit un in-
« dubitable indice ; la loi ne veut pas qu'il soit écouté ;
« les lois exigent une preuve entière. »

Ce point de droit criminel , sur lequel il n'est pas possible de trouver une seule autorité contraire pour établir une
controverse, était exprimé par cet adage vulgaire, *testis unus,
testis nullus.*

Et qu'on ne vienne pas ici nous opposer la théorie moderne sur l'admission des preuves ! On conçoit que le jury,
avec le secours d'un débat oral, puisse former sa conviction
sur un seul témoignage , quoique cependant on ne se per-

mette guère de mettre un citoyen en accusation, si l'on n'en a au moins deux ; car alors la conviction du jury se fonde, moins sur la valeur du témoin, que sur l'ensemble et les détails du débat oral.

Mais il n'en était pas de même dans l'ancien droit : le magistrat était privé de ces preuves parlantes ; il ne jugeait que sur des preuves mortes ; il fallait donc que l'accusé dépourvu de toutes les autres garanties, ne perdit jamais celle-là.

Encore les magistrats consciencieux se plaignaient-ils de l'insuffisance de cette preuve et des angoisses qu'elle leur faisait éprouver.

« Deux témoins directs, dit l'avocat général Servan, « suffisent pour convaincre un accusé; telle est l'ancienne « maxime; mais combien les téméraires applications d'une « règle déjà si rigoureuse dans son vrai sens, la rendraient « funeste et meurtrière. ? »

Il en est une foule d'exemples qui ont eu tant d'éclat, qu'ils se présentent à toutes les pensées.

« Les temps changeront, poursuit le même avocat gé- « néral : peut-être un moment viendra où l'expérience « dessillera les yeux du juge. »

Ce temps est arrivé pour nous ; il ne tardera pas sans doute à venir aussi pour les colonies. En attendant, qu'au lieu de nous opposer les argumens tirés de la pratique du jury, on nous en donne les garanties, et nous renoncerons avec joie à celles que présentait le petit nombre de règles certaines de l'ancienne jurisprudence.

Nous avons le droit de demander sur quelles preuves la cour royale de la Martinique a condamné Rollande, et comme son arrêt n'en articule aucune, comme les pièces de la procédure ne contiennent qu'une seule déclaration à la charge du sieur Rollande, nous avons le droit de dire que sa condamnation est illégitime, et qu'il a été condamné sans preuve ni conviction acquise.

IV PARTIE.

Arbitraire de la pénalité.

Mais est-il besoin d'en aller chercher la preuve ailleurs que dans son arrêt.

Cette cour n'a pas déclaré Rollande atteint et convaincu de crime.

Seulement elle le déclare VÉHÉMENTEMENT soupçonné, d'avoir eu connaissance de l'ouverture du coffre et d'avoir consenti à la remise d'un sac, c'est-à-dire de complicité de vol.

Tel est le résumé du premier chef; nous nous occuperons tout à l'heure des deux autres, et nous examinerons s'ils constituent une culpabilité véritable.

VÉHÉMENTEMENT *soupçonné*; je ne sais, MM. de quelles expressions me servir pour qualifier un tel procédé judiciaire.

Si Rollande n'était que soupçonné, il n'était donc pas atteint et convaincu.

Mais à qui donc était imposé le devoir de rechercher et de découvrir la vérité, si ce n'est aux magistrats eux-mêmes, et comment peuvent-ils se faire contre Rollande, un titre de condamnation, de ce qui prouve de la part de ces magistrats ou incurie ou impuissance?

On parle de notre civilisation moderne, du progrès de nos lumières, et c'est au xixe siècle que l'on voit de pareilles sentences, et que l'on est réduit à en discuter la légalité devant la première cour du royaume!

Écoutons la leçon que nous donne à cet égard un siècle barbare :

« Que personne ne juge arbitrairement sur un soupçon;
« que la preuve soit acquise d'abord, et que le jugement
« vienne ensuite; car ce n'est pas celui qui est accusé, mais
« celui qui est convaincu, qui est coupable.

Nullam suspicionis arbitrio priùs judicet ; sed priùs qui-

dem probet, et sic judicet; non enim qui accusatur, sed qui convincitur reus est.

Car, ajoute le législateur, il est détestable et dangereux de juger quelqu'un sur un soupçon ; dans le doute, il faut laisser à Dieu la prononciation de la sentence.

Pessimum namque, et periculosum quemquam de suspicione judicare; in ambiguis Dei judicio reservetur sententia.

Il est vrai que celui qui parle ainsi, s'il est un barbare, est le plus grand homme de son temps ; c'est le génie du IXe siècle, celui dont presque toutes les dynasties de l'Europe se glorifient de tirer leur origine ; c'est Charlemagne qui écrivait cette maxime précieuse, ignorée des magistrats de la Martinique, dans ses capitulaires qui sont encore les monumens historiques les plus remarquables de cette époque éloignée.

L'ordonnance de Charles VII, de l'an 1455, se sert de l'expression *véhément soupçon*, non pour autoriser aucune condamnation, mais pour dire que dans ce cas l'accusé pourra être arrêté et conduit devant le magistrat.

C'est une chose digne de remarque, que dans l'ancien droit criminel, les juges d'église seuls prononçaient par *violemment* suspect ; apparemment parce qu'ils se regardaient comme les interprètes de la prescience de Dieu.

Jamais les magistrats civils n'ont prononcé de condamnation sur un soupçon, quelque véhément qu'il fût.

« Le *véhémentement* soupçonné, dit Serpillon (1), ne
« peut servir de base à une condamnation principale ; si
« l'individu n'était accusé que d'un crime sur lequel il y
« aurait des présomptions violentes, on ne le pourrait
« condamner qu'à la question, ou ordonner un plus ample
« informé, ou un renvoi, jusqu'à rappel, ou enfin il fau-
« drait l'acquiter. »

____

(1) Sur l'art. 12, titre XXV de l'ordonnance criminelle.

Condamner à la question; ce criminaliste, comme on voit n'est pas suspect d'indulgence, et son autorité en est ici d'autant plus forte. Heureusement que S. M. Louis XVI, par une ordonnance qui fait un éternel honneur à ce monarque, a aboli la question ; et puisque les magistrats de la colonie ne l'ont pas appliquée au sieur Rollande, il faut en conclure que cette ordonnance y a été publiée, quoique nous n'en ayons pas plus la preuve que de celle du mois d'octobre 1789. (1).

Serpillon rapporte que de son temps, on avait agité la question de savoir si le juge peut imposer une demi-peine, lorsqu'il n'y a qu'une demi-preuve. Il résout la question négativement. Il paraît que les magistrats de la Martinique sont d'un avis opposé.

Nous nous rangeons de l'avis du commentateur, et nous dirons avec lui qu'il n'y a pas plus de demi-preuve que de demi-vérité ; ce qui est vrai est entièrement vrai ; ce qui n'est vrai qu'à demi est entièrement faux.

En matière criminelle, la société a pris sur elle l'obligation de tout prouver ; c'est un adage vulgaire dont personne n'osera, je crois, contester la sagesse, qu'il vaut mieux que quelques coupables échappent, que si un innocent était condamné.

Le 5ᵉ chef de l'arrêt que nous discutons à dessein après le premier, parce qu'ils s'interprètent l'un par l'autre, déclare *Rollande atteint et convaincu d'avoir eu connaissance du crime au moins dans les jours qui ont suivi, et de n'en avoir point averti la justice.*

---

(1) L'Arrêt de la Cour, dans son prononcé, disait : que c'est à la partie à établir qu'une loi qu'il invoque, a été publiée dans un pays. ceci a disparu a la rédaction définitive. Il semble, en effet, que c'est plutôt aux Magistrats a le savoir. D'ailleurs, comment un accusé peut-il faire cette preuve ?

Ce dernier chef se réduit à dire que Rollande est coupable pour n'avoir pas révélé le crime dont il avait eu connaissance dans les jours qui l'ont suivi.

C'est la première fois peut-être que le défaut de révélation d'un vol, après qu'il a été commis, a fait l'objet d'une condamnation criminelle. Que ce soit un devoir moral d'informer la justice d'un délit ou d'un crime dont on a fait la découverte, cela peut être, quoique dans nos mœurs cela ressemble un peu à la délation, et répugne par conséquent à beaucoup de monde ; la société s'en rapportant, en général, à la vigilance des magistrats et du ministère public.

Mais nous n'avons pas encore entendu soutenir, même en morale, qu'on soit obligé d'aller dénoncer un crime dont on n'a connaissance que par l'aveu de l'un des coupables.

Sans doute celui qui fait un si pénible aveu, est un homme peu recommandable ; mais il a suivi votre foi ; pouvez-vous vous armer contre lui-même de sa confiance ? Qui n'a pas admiré le trait de ce malheureux père chez lequel vient se réfugier le meurtrier de son fils, et qui, devenu confident involontaire d'une si terrible nouvelle, dérobe le malheureux assassin, pendant quelques jours aux recherches de la justice, et lui apprend tout à la fois son malheur et sa générosité.

Celui qui a reçu une pareille confidence ne fera-t-il pas mieux de laisser au malheureux coupable le mérite de se dénoncer lui-même, et de s'acquérir ainsi des droits à la miséricorde des juges.

C'est ce qu'a fait Rollande à l'égard de Lafont ; et tout flétri qu'il est par un arrêt, il ne croit pas en cela avoir manqué à la délicatesse, avoir violé aucun devoir moral.

Quant aux lois écrites, il nous appartient de dire, à nous, jurisconsulte, qu'il a choisi pour son défenseur, qu'il n'en a blessé aucune ; qu'il n'a, par conséquent, commis ni crime ni délit.

Ni les nouvelles , ni les anciennes lois ne punissent le défaut de révélation des délits communs ; ce refus n'est puni
que dans les crimes d'état ; c'est Louis XI qui, dans les
dernières années de sa vie , et entouré de complots , porta,
dans son château du Plessis-les-Tours où il s'était enfermé,
le 22 décembre 1477, une loi de mort contre les non révé-
lateurs.

L'époque et le nom du roi dont elle émane , n'ont pas
servi à recommander la loi , et les condamnations de Cinq-
Mars et de Thou ont laissé dans l'histoire des mentions
peu honorables pour ceux qui l'ont fait appliquer ; quoiqu'il
en soit, cette loi est spéciale et limitative ; d'ailleurs elle ne
punissait pas ceux qui n'avaient pas revélé, lorsqu'ils n'avaient
eu connaissance du complot qu'après sa consommation.

Et c'est précisément le cas de Rollande; il n'a connu le
crime que deux jours après qu'il était commis ; il n'était
plus temps de l'empêcher.

« Sous l'empire de l'ordonnance de 1670 , dit M. le con-
« seiller Carnot (1), on ne connaissait que l'usage des mo-
« nitoires , pour obliger, par des censures ecclésiastiques, à
« révéler ; mais la justice civile n'était autorisée à pronon-
« cer aucune peine contre le non révélateur. »

Ainsi ce reproche ne pouvait servir de texte à une condamnation.

Il ne reste plus à discuter que le dernier des chefs de l'arrêt, (le 2ᵉ dans l'ordre de la rédaction) ; Rollande est
déclaré coupable « de négligence dans les devoirs qu'il
« s'était imposés à lui-même en se rendant chez Mollier,
« et en se chargeant des clefs. »

Ici je demande si les tribunaux sont institués pour rendre la justice ou pour exercer des censures sur la conduite
des citoyens. En France, tout fait qui ne tombe sous l'appli-

---

(1) *Commentaire sur le Code Pénal.*

cation d'une loi pénale , est sous la jurisdiction exclusive de l'opinion publique.

Les cours ne pourraient tenir ce pouvoir que de la loi , et il ne leur a été conféré par aucune disposition législative ; c'est ce que la cour de cassation a reconnu par son premier arrêt dans l'affaire de M. le comte de *Forbin-Janson*.

Je n'ignore pas , Messieurs , que les parlemens usaient du droit d'admonester, de réprimander et de blâmer, et ajoutaient à ces censures l'interdiction de certains droits civils.

Mais c'était une usurpation de pouvoir ; la preuve en est que dans l'ancien code pénal de la France , on ne trouve pas la peine du blâme , même indiquée.

Or , à moins que l'on ne vienne réveiller devant vous cette vieille prétention, cette erreur grave , que les peines étaient arbitraires , il faudra bien que l'on casse un arrêt qui inflige une peine de cette nature.

« C'est une maxime , dit l'avocat général Servan , que les « peines sont arbitraires dans le royaume ; cette maxime est « accablante et honteuse ; nous ne connaissons pas même « la juste étendue de la note d'infamie (1).

Ce n'est point une concession que fait ici Servan ; c'est un reproche qu'il adresse à ceux qui semblaient avilir la magistrature en soutenant que son pouvoir était arbitraire ; car Serpillon, l'un des derniers commentateurs de l'ordonnance de 1670 , tout partisan qu'il est de la latitude qu'on doit accorder aux magistrats , latitude dont il déclare lui-

---

(1) On ne sait plus aujourd'hui combien cette observation était vraie ; du temps de Servan les gentilshommes seuls étaient censés avoir un honneur à défendre ; les roturiers étaient placés trop bas pour que les magistrats souverains, entichés de leur noblesse, et d'une forte teinte d'aristocratie, y fissent beaucoup d'attention. Il est si doux d'ailleurs de distribuer l'éloge et le blâme impunément, sans pouvoir être poursuivi comme calomniateur.

même avoir usé fréquemment , n'hésite pas à déclarer qu'elle est fausse.

Pœna numquam imponitur , nisi in casu à quo reperitur à jure expressa. Digest. Loi *si quis div. de reg. et apl.*

C'est ce qu'exprime aujourd'hui avec beaucoup de netteté l'article 4 du code pénal.

« Nulle contravention , nul délit , nul crime, ne peu-
« vent être punis de peines qui n'étaient pas prononcées
« par la loi avant qu'ils fussent commis. »

M'objectera-t-on que les parlemens de France étaient en possession de ce droit, et que tout abusif qu'il était, il doit être respecté, même dans ses écarts.

Sans doute un abus fondé sur une loi est respectable jusqu'à un certain point ; mais lorsqu'il est tout à fait contraire à la loi , et lorsqu'il est prouvé que les gardiens des lois ont réprimé les violations qu'on en faisait , on ne peut pas croire que la cour suprême prête l'appui de sa doctrine à une pareille justification.

Je n'ai pas recherché les actes par lesquels l'ancien conseil a fait respecter ce grand principe de droit public en France ; mais je sais qu'il en existe ; et en effet , à quoi aurait servi de faire des ordonnances pénales , si les cours de justice avaient pu s'en écarter arbitrairement.

Le roi aurait-il été souverain législateur, si les parlemens avaient pu créer des peines ? S'ils ont introduit celle du *blâme*, et s'ils y ont attaché la note d'infamie, au mépris des lois, il faut les en blâmer, et non les imiter.

Quand même je ne pourrais citer un seul exemple de cassation dans ce cas , qu'est-ce que cela prouverait ? Que l'ancien conseil n'était pas aussi vigilant que vous l'êtes à réprimer les usurpations de pouvoir et les violations de loi.

Mais c'est aujourd'hui une vérité historique que personne ne révoque en doute. On sait bien que l'ancien conseil , qui avait besoin du parlement pour l'enregistrement des édits bursaux , et le recouvrement des deniers publics , n'osait pas entreprendre, pour le seul intérêt des particuliers et de la justice, ces luttes orageuses , qui ne se terminaient que par un coup d'état.

Au surplus, je n'ai point à m'embarasser des tribunaux de France et de leur pouvoir absolu et despotique. Je n'ai qu'une chose à prouver ici , c'est que les tribunaux des Colonies ne pouvaient prononcer des peines autres que celles établies par les ordonnances. Or, il en existe des exemples mémorables, et à la parfaite connaissance des magistrats de ces contrées ; et pour ne rappeler que les plus récents , nous citerons :

1° Une dépêche ministérielle du 20 mai 1711 , qui se plaint de ce que les conseils supérieurs ne jugent pas conformément aux ordonnances ;

2° Un arrêt du conseil d'état du 22 avril 1754 , qui casse un arrêt d'un conseil supérieur , pour application de peines arbitraires , autres que celles prévues par les ordonnances.

3° Mars 1769 , édit du roi qui casse le conseil supérieur du Cap Français , pour désobéissance à ses lois.

La cour de la Martinique a si bien senti la nécessité d'appuyer sa condamnation sur un texte de loi ; qu'elle a cité dans son arrêt l'édit du 4 mai 1724 , relatif à la répression du vol.

Mais cet édit n'est point applicable , et n'a point été appliqué au sieur Rollande. C'est ce que l'on sera forcé de reconnaître devant vous.

Où donc l'arrêt attaqué a-t-il puisé la légalité de la condamnation du sieur Rollande?

C'est de l'arbitraire pur ; ce n'est pas de cet arbitraire qui consiste à appliquer le maximum d'une peine légalement établie; c'est un arbitraire qui crée la peine, et qui crée le délit tout à la fois. Cet arbitraire est ici violant et injuste dans ses effets.

Quel est le tort de l'infortuné Rollande? Il a commis l'imprudence de recevoir les clefs de la maison *Mollier;* mais en cela, il n'a fait tort qu'à lui-même, puisque cette circonstance a suffi pour faire soupçonner la complicité, et pour l'exposer à une poursuite de criminelle.

Il a eu le tort de ne pas remettre les clefs au curateur à la succession vacante, au moment même où il les recevait.

Mais cette faute, quelle est-elle? le vol n'était-il pas déja consommé; a-t-il prêté cette clef pour aider les voleurs? on ne l'en accuse pas.

S'il a été imprudent et inactif, n'a-t-il pas été puni mille fois plus qu'il ne le méritait?

Et parce qu'il a plu aux magistrats de la cour d'appel, d'accompagner cette circonstance, d'un reproche de non révélation, et d'un véhément soupçon, cela suffisait-il pour autoriser la prononciation de la peine infamante du blâme?

Le reproche que Servan adressait aux magistrats de son temps, de ne pas connaître toute l'étendue de la note d'infamie, s'adresse à ceux de la cour royale de la Martinique, eux qui, pour une simple négligence, ont flétri toute la vie d'un honnête homme, qui l'ont frappé dans son avenir, et dans le présent, et l'ont réduit à un état pire que la mort, en le condamnant à vivre privé de l'honneur, et du droit d'exercer aucune profession.

Je repousse donc bien loin, au nom du sieur Rollande, cette prétendue commisération, à laquelle il doit l'affranchissement de toute peine corporelle. Il est des peines qui tuent l'homme moralement, et celle-ci est du nombre, puisqu'elle équivaut à une véritable mort civile, et qu'en ravissant au condamné l'exercice actuel de sa profession, en lui interdisant les moyens d'en établir d'autres, en l'obligeant d'ailleurs à fuir la vue et la société de ses concitoyens, elle le place dans la position de ceux qui, à Rome, étaient interdits du feu et de l'eau, *quibus igne et aqua interdictum erat.*

La cour de la Martinique aurait pu tout aussi justement condamner Rollande à l'esclavage, et ordonner qu'il serait vendu sur la place publique.

Ce que je dis ici n'est pas une pure supposition. Admettez les peines arbitraires, et, dans une colonie, ou par suite de l'abolition de la traite des noirs, on est menacé de voir graduellement diminuer le nombre des bras employés à la culture, les planteurs qui composent exclusivement la magistrature de la Martinique, arriveront jusque là, de condamner des hommes nés libres à devenir esclaves. Leurs pères l'ont fait. Pourquoi, si les pouvoirs sont les mêmes, n'en feraient-ils pas usage ? Le progrès des lumières n'y fait rien. Il est en législation et en jurisprudence, comme en toute chose, des temps rétrogrades qu'il faut subir.

Des exemples fameux et récens prouvent que la colonie de la Martinique est aujourd'hui dans cet état de rétrogradation, puisque, par des réglemens locaux, on est parvenu à détruire et abroger les sages ordonnances de Louis XIII, de Louis XIV et de Louis XVI, sur l'état des hommes de couleur et des esclaves, puisqu'on ne se contente pas de bannir, mais que l'on déporte aussi sans jugement, puisqu'une cour prévotale y rend de sanglans arrêts, sans institution du monarque, et sans qu'on ait fait connaître même le nom des juges.

S'il était possible que l'arrêt qui vous est dénoncé fut maintenu, alors tout espoir de voir améliorer ce malheureux état de choses s'évanouirait ; alors se trouverait d'avance confirmée cette sentence du 12 janvier 1824, qui condamne aux galères perpétuelles trois malheureux hommes de couleur, pour avoir colporté une brochure, et comme *véhémentement soupçonnés*, l'un d'avoir pris part à la rédaction de mémoires manuscrits remis au gouverneur, demandant à S. M. des améliorations, et l'autre d'avoir tenu un propos séditieux.

Ce terrible arrêt, et d'autres semblables, ceux par exemple qui condamnent des esclaves à avoir le jarret coupé, la mère d'un enfant de 16 ans à assister à l'exécution de son fils pour ne l'avoir pas livré à la justice, seraient donc maintenus, si les peines sont arbitraires, si des usages suffisent pour légitimer de pareilles sentences.

Serpillon, quoique plus éclairé sur les limites de ses pouvoirs de juge que les magistrats de la Martinique, avoue avoir condamné aux galères des malheureux, sur des *véhémens soupçons*, lorsque d'ailleurs il existait déjà une criminalité constante sur un chef.

Aujourd'hui c'est le blâme infamant que l'on prononce pour une simple négligence, accompagnée d'un véhément soupçon; demain ce sera la marque et le bannissement, puis la déportation, puis les galères et l'amende honorable.

Que restera-t-il alors, que d'y ajouter la peine de mort, pour porter ce monstrueux abus à son comble, et pour justifier les reproches adressés à notre ancienne *jurisprudence* criminelle.

Depuis long-temps, disait le rapporteur de la loi du mois d'octobre 1789, « depuis long-temps l'Europe accuse de « barbarie notre législation criminelle; la voix de l'huma-« nité a retenti dans tous les cœurs; de terribles exemples « ont trop prouvé les vices de la loi, et le sang de plus « d'une victime innocente que n'a pas sauvée la religion « scrupuleuse des magistrats les plus vertueux, a déposé « contre les formes de notre procédure. »

Faites, Messieurs, vous le pouvez et le devez, que les mêmes reproches ne soient plus adressés à la France à l'occasion de ses colonies; ne privez pas cette partie de la grande famille des Français du peu de garanties que lui présentent encore les lois que nous avons invoquées devant vous.

Plus ces possessions sont éloignées, plus il est nécessaire

d'être vigilant et sévère contre les abus, et de les ramener à l'uniformité de législation et de jurisprudence.

C'est le vœu de la Charte, qui veut que les colonies soient régies par des LOIS, et non par des règlemens ; par une législation fixe, et non par des usages vicieux et une jurisprudence barbare.

C'est le vœu réitéré de l'auguste auteur de la Charte, qui, dans l'art. 5 de son ordonnance royale du 22 novembre 1819, s'exprime ainsi :

« Seront au surplus repris et complétés, dans le moindre
« délai possible, les travaux commencés relativement à la
« mise en vigueur, dans nos possessions au-delà des mers,
« des dispositions des nouveaux codes français, sauf les mo-
« difications que peuvent exiger les circonstances propres
« à ces établissemens.

C'est le vœu du roi régnant, qui a ordonné la formation d'une commission coloniale. Secondez ces vues généreuses autant qu'il est en vous ; constatez par votre arrêt l'urgente et indispensable nécessité de nouvelles améliorations ; condamnez dès à présent les excès de pouvoir et l'arbitraire de la jurisprudence dans les accusations criminelles.

Souvenez-vous de cette pensée de Montesquieu :

« Les connaissances que l'on acquerra dans quelque pays
« que ce soit, sur les règles les plus sûres que l'on puisse te-
« nir dans les jugemens criminels, intéressent le genre hu-
« main plus qu'aucune chose qu'il y ait au monde. »

Un magistrat qui connaissait cette importance, et qui a combattu avec tant de courage et de zèle les abus en cette matière, *Servan*, disait aux avocats de son temps : « Prenez
« la défense d'un innocent accusé, et bientôt vous aurez
« le genre humain pour client ; rendez grâce au ciel s'il
« vous chérit assez pour vous offrir un innocent à dé-
« fendre. »

J'ai suivi ce conseil à la lettre.

Je n'ai pas entrepris la défense de Rollande sans avoir
pris tous les moyens de me convaincre de son innocence,
et je n'hésite pas à la déclarer ici ; sa probité, sa délicatesse ne peuvent souffrir aucune atteinte de l'arrêt qui le
condamne.

S'il n'était pas l'homme innocent que je vous annonce,
se serait-il montré aussi sensible à une peine que l'on déclare purement morale ; aurait-il quitté un pays si lointain,
abandonné ses affaires et sa famille ? Pour en poursuivre la
réparation, il n'a épargné ni le temps, ni la dépense ; il a
même consenti, pour obéir à une loi déraisonnable et heureusement abrogée parmi nous, à la privation momentanée
de sa liberté.

Faites, Messieurs, que cette liberté lui soit rendue avec
l'honneur qui seul en fait le prix, et qu'il s'en retourne
consolé et justifié.

ARRÊT DE LA COUR. (1)

11 *juin* 1825.

Ouï, M. Ollivier, conseiller, en son rapport ; — Les observations d'Isambert, avocat du demandeur ; M. de Vatimesnil, avocat général en ses conclusions.

Attendu sur le 1ᵉʳ moyen, que s'il était d'usage et de jurisprudence, que l'appel *à minimâ*, ne fût pas recevable
lorsqu'il avait été interjeté par le procureur du roi, contre
un jugement conforme à ses conclusions, cet usage n'était
fondé sur aucune loi (2) ; que la violation d'un usage, où même
d'une jurisprudence constante ne constitue point un moyen
de cassation ; que d'ailleurs l'appel dans l'espèce a été ré-

gularisé dans tous les cas , par le procureur général près la cour royale qui se l'est rendu propre par ses conclusions.

Attendu sur le 2ᵉ moyen, qu'en matière criminelle , les jugemens et arrêts ne sont que l'application de la loi pénale aux faits reconnus constans; que dès-lors qu'il est déclaré que les faits qualifiés crimes , délits ou contraventions par la loi , et imputés aux accusés, sont constans et prouvés, cela constitue le véritable motif de la condamnation ; et que l'arrêt qui prononce cette condamnation est suffisamment motivé quand il contient cette déclaration (3).

Attendu sur le 3ᵉ moyen qu'il n'appartient point à la cour de cassation d'apprécier les preuves et les témoignages qui ont produit la conviction dans l'âme des juges et des jurés , lorsque la loi n'attache point à certains actes ou certains faits , un caractère spécial nécessaire de preuve, ce qui n'existe point dans l'espèce (4).

Attendu sur les 4ᵉ et 6ᵉ moyens , qu'il n'est point justifié que les lettres patentes de novembre 1789, qui ordonnaient la publicité des jugemens criminels, et qui accordaient un défenseur aux accusés aient été promulguées à la Marti · nique (5).

Attendu sur le 5ᵉ moyen , que le blâme est une peine admise par la jurisprudence ancienne du royaume (6) et qu'aucune ordonnance du royaume ne prononçait (7); que dès-lors elle rentrait au nombre de ces peines , qui sous l'empire des lois antérieures à 1789 et toujours en vigueur à la Martinique, pouvaient être appliquées à l'arbitrage du juge . pour des faits reprochables ou criminels, qui n'étaient cependant pas de nature à recevoir l'application d'une des peines portées par les lois (8).

Attendu d'ailleurs la régularité de la procédure et de l'arrêt dans sa forme.

La cour rejette le pourvoi de Paul Rollande contre l'arrêt de la cour royale de la Martinique, du 7 novembre 1825, qui le condamne à la peine du blâme ; condamne le demandeur à l'amende de 150 francs envers le trésor public ; et vu qu'il résulte des pièces que le demandeur a subi sa peine, déclare qu'il n'y a lieu de maintenir sa mise en état.

---

(1) Il a été rendu sur tous les chefs, conformément aux conclusions de M. de *Vatimesnil*, avocat général.

(2) Sur quelle loi est fondé le droit d'appel *à minimâ* en matière criminelle ? voilà le point de départ qu'il aurait été désirable que l'on établît.

(3) Si cela est, les lois ne tomberaient jamais en désuétude.

(4) Voilà une distinction métaphysique, mais l'ordonnance du 22 novembre 1819, veut, sans distinction, que tous les arrêts, même criminels, soient motivés, comme l'était le jugement de première instance. Sans motifs il est impossible de connaître quelles étaient les preuves.

(5) Sans doute, la cour de cassation ne peut reviser les preuves sur lesquelles a été établie une conviction déclarée par des jurés ; mais dans les procès par écrit et à huis clos, où l'on juge sur pièces, le pouvoir de cassation ne doit-il pas vérifier si les preuves légales existaient ? l'ancien conseil faisait cette vérification lorsque des raisons de haute politique ne l'empêchaient pas de remplir son devoir vis-à-vis des parlemens. On pourrait citer cent arrêts de la cour de cassation, qui ont cassé en matière de simple police ou de police corectionnelle, lorsqu'au lieu de preuves, on avait admis de simples présomptions.

(6) Il semble que l'arrêt aurait dû dire.

« Attendu qu'il est justifié que les lettres patentes de 1789, n'ont point « été publiées à la Martinique.

Reste d'ailleurs que la défense est de droit naturel, et qu'on ne peut l'interdire sans violer la loi divine et la justice.

(7) Aucune loi n'a permis aux cours de justice de faire des lois pénales. On en a cité dans la plaidoirie qui l'interdisaient à celles des colonies.

(8) La peine n'est donc pas légale.

(9) Peut-être aurait-on mieux fait de dire que ce n'était pas une peine, qu'il n'y avait pas culpabilité véritable, alors l'honneur du condamné serait affranchi de suspicion de crime. Ce ne serait plus qu'une correction de négligence, correction terrible à la vérité, et non proportionnée à la faute. Le blâme n'emportait suspension des droits civils que par abus et excès de pouvoir.

ISAMBERT.

IMPRIMERIE DE E. POCHARD,
Rue du Pot-de-Fer, n° 14, à Paris.

www.ingramcontent.com/pod-product-compliance
Lightning Source LLC
LaVergne TN
LVHW020005180726
843503LV00008B/3803